TRAITÉ

des

VALEURS DE LA MESURE

APPLICABLE AUX VOIX ET AUX INSTRUMENS

EN GÉNÉRAL,

ou

SUITE À LA MÉTHODE DE MUSIQUE

MISE À LA PORTÉE DES ENFANS,

d'après un nouveau mode d'enseignement,

PAR

DUCHEMIN-BOISJOUSSE,

DÉLÉGUÉ GÉNÉRAL pour l'inspection de l'enseignement du chant
dans les salles d'asile,
professeur de musique d'après sa nouvelle méthode.

Prix net: 75.   par la poste 1f. »,reçue franco.

A Paris, chez l'Auteur, rue Constantine, 28.

N.^a Pour les exercices d'intonation, voyez la méthode de musique mise à la portée
des enfans, ou la méthode complète.

TRAITÉ DE LECTURE MUSICALE,
SOUMISE À LA MESURE.

DE LA VALEUR DES NOTES ET DES SILENCES.

La valeur des notes représente la durée des sons, savoir: la ronde, la blanche, la noire, la croche, la double croche, etc: (Voyez le tableau page 5)

Entre les sons, il y a souvent des repos. Ces repos sont indiqués par la valeur des silences, savoir: La pause, la demi-pause, le soupir, le demi-soupir, le quart de soupir, etc: (Voyez page 5)

DE LA MESURE.

La valeur des notes et des silences constitue la mesure.

Toutes les valeurs qui appartiennent à la même mesure sont renfermées entre deux lignes verticales, traversant la portée. Elles diffèrent des barres de reprise, en ce que ces dernières sont ordinairement doubles et beaucoup plus fortes que les premières.

Chaque mesure se divise en plusieurs parties, appelées *temps*. La mesure est toujours indiquée au commencement d'un morceau, et après la clef, savoir: La mesure à quatre temps, par un C ou par le chiffre 4; la mesure à trois temps, par un 3; et la mesure à deux temps, par un 2 ou par un c barré C (Voyez le tableau page 5)

Il existe encore d'autres mesures qui dérivent de celles-ci. Dans ces mesures, les chiffres supérieurs indiquent la quantité des valeurs qu'elles contiennent, et les chiffres inférieurs, le nombre qu'il faudrait de ces mêmes valeurs pour composer une mesure à quatre temps.

Les plus usitées sont la mesure à deux quatre $\frac{2}{4}$ et à six huit $\frac{6}{8}$, qui renferment deux temps: La mesure à trois quatre $\frac{3}{4}$, à trois huit $\frac{3}{8}$, à neuf huit $\frac{9}{8}$, qui contiennent trois temps; et enfin la mesure à douze huit $\frac{12}{8}$, qui renferme quatre temps. (Voyez le tableau page 5)

Dans la mesure à quatre temps, la main frappe le premier temps: pour le 2.me, elle se dirige horisontalement à gauche: dans le 3.me, horisontalement à droite: et pour le 4.me, elle prend une direction ascendante et perpendiculaire. En retranchant le 2.me temps de cette mesure, ces explications deviennent applicables à la mesure à trois temps. Dans la mesure à deux temps, le premier temps se marque en frappant, et le second en levant.

En marquant la mesure, il faut éviter de trainer la main dans le passage d'un temps à l'autre. Chaque mouvement sera fait avec vitesse et précision.

DES VALEURS SOUMISES À LA MESURE.

Dans la mesure à quatre temps, marquée par un C, *la ronde* vaut la mesure entière; la *blanche* deux temps, la *noire*, un temps; la *croche*, la moitié d'un temps; et la *double-croche*, le quart d'un temps. (Voyez le tableau page 5)

La *pause* vaut quatre temps, comme la *ronde*; la *demi-pause*, deux temps, comme la *blanche*; le *soupir* un temps, comme la *noire*; le *demi-soupir*, un demi-temps, comme la *croche*; et le *quart de soupir*, un quart de temps, comme la *double-croche* (Voyez le tableau page 5)

EXERCICES PRÉPARATOIRES
SUR LA VALEUR DES NOTES ET DES SILENCES.

1.er EXERCICE.

En marquant la mesure, l'élève dira: 1.er temps, en frappant; 2.me temps, à gauche 3.me, à droite; 4.me, en levant.

2.e EXERCICE.

1.° En prononçant le mot *Ronde*, l'élève marquera le 1.er temps de la mesure: Il dira deux, sur le second temps; trois, sur le 3.me et quatre sur le 4.me

2.° En prononçant le mot *Blanche*, l'élève marquera le 1.er temps de la mesure; Sur le 2.me temps de la blanche, il dira deux temps.

3.° En prononçant le mot *Noire*, l'élève fera successivement les différens temps de la mesure.

4.° Les croches partagent chaque temps en deux parties égales. Au lieu de nommer les croches, l'élève dira une, deux, sur chaque temps de la mesure, afin que l'oreille puisse se rappeler de la durée relative de chaque demi-temps.

5.° Les double-croches partagent chaque temps en quatre parties égales. Au lieu de nommer les double-croches, l'élève dira sur chaque temps, une, deux, trois, quatre, pour que l'oreille puisse garder le souvenir de la durée relative de chaque quart de temps.

6.° Appliquez à la pause l'exercice relatif à la ronde. Il en sera de même de la demi-pause relativement à la blanche etc:

7.° Les temps de la mesure seront marqués sans interruption et appliqués alternativement aux différentes valeurs mentionnées dans cet article, quelque soit l'ordre dans lequel elles seront présentées verbalement.

8.° Ces exercices préparatoires sur la valeur des notes et des silences, seront pratiqués jusqu'à ce que les élèves soient parvenus à obtenir une égalité parfaite entre les temps et les valeurs mentionnées dans chaque espèce de mesure, d'après le tableau suivant. Ce tableau sera ensuite repris et pratiqué en nommant les notes.

MODÈLE du TABLEAU
Servant à l'application des exercices préparatoires
sur la durée des notes et des silences dans les différentes mesures.

1.ʳᵉ face du Tableau.

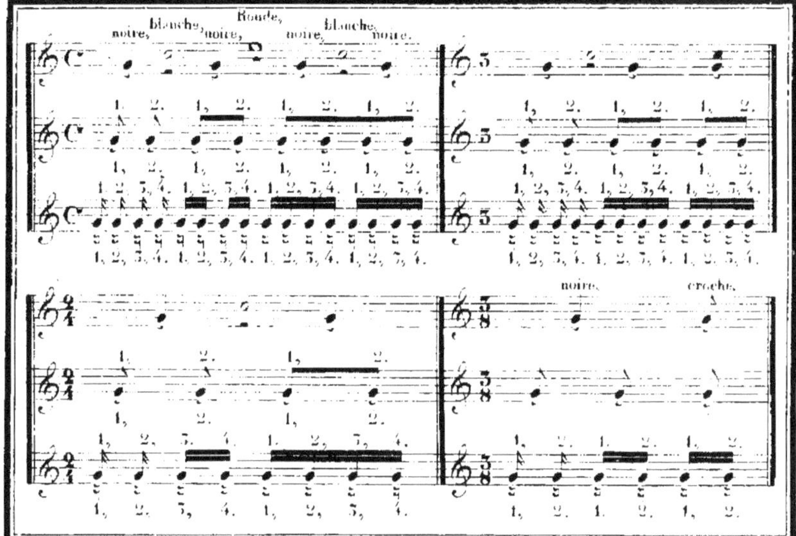

2.ᵉ face du Tableau.

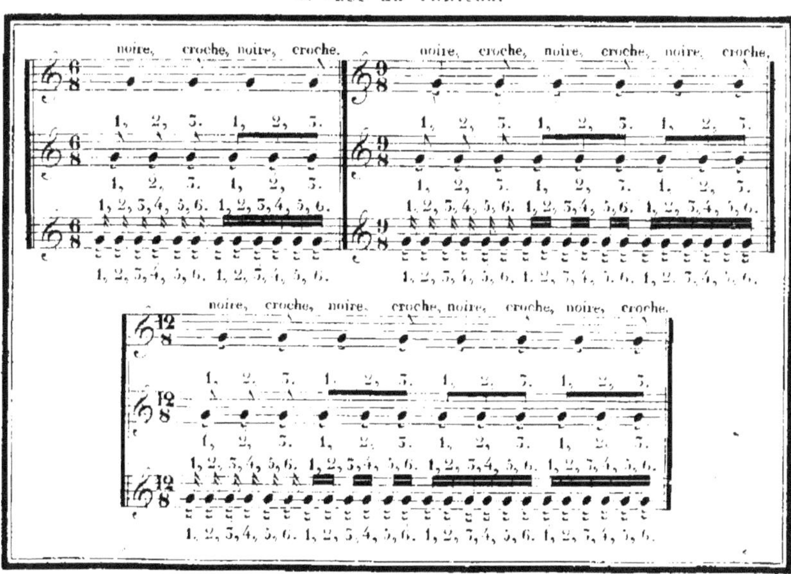

80 EXERCICES
sur la durée des notes et des silences
appliquée à la Gamme en Ut majeur.

Les onze premiers numéros seront pratiqués sans le secours de la méthode; on indiquera seulement aux élèves les valeurs qu'ils auront à faire. J'emploie ce moyen, parcequ'il vient à l'appui des exercices préparatoires sur la valeur des notes et des silences; qu'il permet à l'élève de porter toute son attention sur la mesure appliquée aux valeurs, dont il est forcé de se rendre compte; et au professeur, de vérifier si l'élève marque la mesure régulièrement. Les mêmes exercices seront ensuite repris et chantés dans la méthode.

4 double-croches sur le 3.me temps, et des noires sur les autres temps.

3.° permutation.

4 double-croches, 2 croches, un soupir et une noire.

N.° 4.

Une noire, un soupir, 2 croches et 4 double-croches.

1.re permutation.

Une noire, 4 double-croches, un soupir et 2 croches.

2.° permutation.

Une noire, 2 croches et 4 double-croches.

N.° 5.

4 double-croches, une noire et 2 croches.

1.re permutation.

2 croches, 4 double-croches et une noire.

2.° permutation.

4 double-croches, et des croches avec des demi-soupirs pour les 3 derniers temps.

Les croches sont ici sur la 1.re partie des temps et les demi-soupirs, sur la 2.° partie.

N.° 6.

Des croches avec des demi-soupirs pour les 3 premiers temps, et le 4.° avec des double croches.

1.re permutation.

4 double-croches sur le 2.° temps et des croches avec des demi-soupirs pour les autres temps.

2.° permutation.

4 double-croches sur le 3.° temps et des croches avec des demi-soupirs sur les 3 autres temps.

3.° permutation.

4 double-croches pour le 1.er temps, et des demi-soupirs avec des croches sur les autres temps.

Les demi-soupirs sont sur la 1.re partie des temps et les croches sur la 2.° partie; c'est ce qu'on appelle *contre-temps*.

N.° 7.

(1) Dans les N.°s 6 et 7, les élèves nommeront les silences pour s'habituer à les observer régulièrement.

Des demi-soupirs, avec des croches, sur les trois premiers temps et 4 double-croches pour le dernier temps.

1.re permutation.

4 double-croches sur le 2.e temps et des demi-soupirs avec des croches, pour les autres temps.

2.e permutation.

Une noire, 2 croches et 4 double-croches.

N.º 8.

4 double-croches, 2 croches et une noire.

2.^e permutation.

Une noire, 4 double-croches et 2 croches.

3.^e permutation.

Lorsque les temps de la mesure renferment 3 croches aulieu de 2 et 6 double-croches pour 4, ces exceptions s'appellent *triolets*, c'est-a-dire 3 pour 2.

Un triolet de croches sur les 2 premiers temps, et une noire pour le 3.^e temps.

N.º 9.

Une noire pour le 1.er temps et un triolet de croches sur les autres temps.

1.re permutation.

Une noire sur le 2.e temps et un triolet de croches sur les autres temps.

2.e permutation.

La ligne courbe, ou trait de liaison unit entr'elles les notes où il est placé.

Une blanche liée avec une noire, et six double-croches.

N.º 10.

Six double-croches et une blanche liée avec une noire.

1.re permutation.

Le point augmente de moitié la durée de la note placée avant lui. Après la blanche, le point vaut la noire.

Une blanche pointée et six double-croches.

N.º 11.

Six double-croches et une blanche pointée.
permutation.
N.º 12.
1.º permutation.
2.º permutation.
Après une noire le point vaut une croche.
N.º 13.
permutation.
N.º 14.
1.º permutation.
2.º permutation.
N.º 15.
1.º permutation.
2.º permutation.
3.º permutation.

(¹) A partir de ce Nº, on fera entendre un battement sur chaque croche, en même temps que les temps simples des mesures.

2ᵉ permutation.

Nᵒ 20 

1ʳᵉ permutation.

2ᵉ permutation.

Nᵒ 21.

1ʳᵉ permutation.

2ᵉ permutation.

Le second point vaut la moitié du premier.

Nᵒ 22.

Nᵒ 23.

1ʳᵉ permutation.

Lorsque la durée d'une note se prolonge d'un temps sur l'autre, elle forme ce qu'on appelle syncope. La syncope prolonge le son, là où le contre-temps l'arrête; c'est-à-dire, de la partie faible à la partie forte des temps.

2ᵉ permutation. 

(1) Les élèves écriront eux-mêmes les 20 premiers Nᵒˢ dans les gammes majeures jusqu'à trois bémols et trois dièses.

3.
permutation.
4.
permutation.
5.
permutation.
N.º 24.
1.
permutation.
2.
permutation.
3.
permutation.
4.
permutation.
N.º 25.
1.
permutation.
2.
permutation.
3.
permutation.
4.
permutation.

DES GAMMES MAJEURES,
DE LEUR ENCHAINEMENT ET DE LEURS RELATIONS.

Chaque gamme majeure contient cinq tons et deux demi-tons. En montant, ces deux demi-tons sont toujours placés de la 3ᵐᵉ note à la 4ᵐᵉ, et de la 7ᵐᵉ à la 8ᵐᵉ.

L'enchainement des gammes majeures et leurs relations dérivent des notes ou des parties qui leur sont communes. C'est ainsi que l'on passe de la gamme en UT, dans la gamme en SOL; et de la gamme en SOL dans la gamme en RÉ etc: ce qui amène les dièses, de quinte en quinte en montant; et les bémols, de quinte en quinte en descendant, etc.

La première note des gammes majeures relatives se trouve à la quinte supérieure et à la quinte inférieure.

Les gammes majeures relatives diffèrent toujours d'un accident.

(Pour plus de détails voyez la méthode complette pages 42 et 43.)

DE LA GAMME MINEURE.

La gamme mineure se forme de deux manières, avec la tierce mineure, la sixte mineure et la septième majeure en montant, comme en descendant; (Voyez, page 29 de la méthode.) et avec la tierce mineure, la sixte et la septième majeures, en montant. En descendant la septième, la sixte et la tierce sont mineures. Ex.

(1) Les gammes suivantes ont été baissées, pour être à la portée des voix.
(2) Les gammes suivantes ont été montées pour devenir accessibles aux voix.

12

Les dièses et les bémols mis à la clef agissent sur tout le morceau,
à moins que l'on ne rencontre un bécarre qui en détruise l'effet.

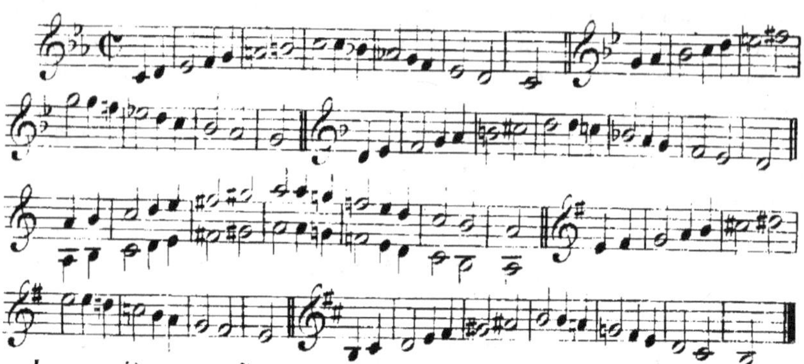

La première note d'une gamme s'appelle *Tonique*. Changer de gamme,
c'est changer de tonique. Changer de tonique c'est changer de ton. (1)

Chaque ton majeur correspond à un ton mineur ayant le même nombre
de dièses ou de bémols à la clef.

La première note d'un Ton mineur se trouve toujours une tierce au des-
sous de la première note du ton majeur, dont il est *relatif*. Ex:

(Les explications sur la relation des gammes feront connaître quels sont
les cinq tons relatifs d'un ton principal.) (Pour plus de détails voyez la méthode complète, pages 67 et 68 etc.)

DU MODE.

On distingue deux modes, savoir: le mode Majeur et le mode Mineur.
Toutes les gammes Majeures appartiennent au *Mode Majeur*, et les gammes
mineures au *Mode Mineur*.

Toutes les fois qu'un morceau de musique *Module*, en conservant la même
tonique, ce changement de *Mode* est indiqué par la différence de trois acci-
dens Ex.

Pour plus de détails voyez la méthode complète, page 65 et 66.

(1) En musique, le mot *Ton* a deux significations distinctes. Il désigne un intervalle composé de deux
demi-tons, ou il devient, comme ici, synonyme du mot Tonique.

ÉLÉMENS D'IDÉOLOGIE MUSICALE.

L'élève qui sait reconnaître les sons, les noter et se rendre compte des valeurs de la mesure, s'exercera à transcrire en différens tons et de plusieurs manières, les airs présens à sa mémoire. Les notions suivantes lui indiqueront les regles à suivre dans cet exercice, que je crois devoir lui recommander, comme étant l'un des plus utiles, et sans contredit le moins dispendieux.

DES CADENCES OU REPOS MÉLODIQUES.

Les cadences ou repos mélodiques indiquent la terminaison des sens musicaux, ou des idées musicales. On en distingue quatre, savoir; le quart de cadence, la demi-cadence, le trois-quarts de cadence, et la cadence parfaite.

Le *quart* de *cadence* se pratique sur toutes les notes d'une gamme indistinctement.

La *demi-cadence* se fait principalement sur les 2me 3me 5me et 7me degrés d'une gamme; le *trois quarts* de *cadence*, exclusivement sur l'une ou l'autre des cinq toniques relatives d'un ton principal; et la cadence parfaite sur la tonique principale.

Les *cadences mélodiques* se font sur les temps forts de la mesure. Cependant, la dernière note d'une cadence se trouve sur un temps faible, lorsque l'avant dernière note peut être supprimée et remplacée par la note suivante sans nuire au sens de la mélodie. (Voyez le N.º (1) page 14.)

Le premier temps des mesures est toujours fort.——La mesure à quatre temps contient deux temps forts, savoir: le premier et le troisième.

DU RYTHME.

Le Rythme contient ordinairement 2, 3, 4, 5, 6. ou 8 mesures, à partir du premier temps fort, et finit par une demi-cadence, un trois quarts de cadence ou par la cadence parfaite. (Pour plus de détails, voyez la méthode complette p.151)

Dans les exemples suivants, le quart de cadence sera indiqué par une virgule, la demi-cadence, par le point et virgule; le trois quarts de cadence, par deux points; et la cadence parfaite, par le point.

Pour phraser correctement, il faut éviter de prendre la respiration entre les notes qui font partie du même sens musical. Ces notes sont unies entr'elles comme les syllabes composant le même mot.

TRANSCRIPTION DES AIRS CONNUS.

1.re manière.

N.º 1.

(1) La terminaison des idées musicales n'est pas toujours apparente; dans ce cas il n'y a que le sentiment musical qui puisse la faire reconnaître.

(1) La demi-cadence se trouve ici sur le 3.ᵐᵉ temps de la mesure. En trans-
crivant le même air à $\frac{2}{4}$, cette ½ cadence sera sur le temps faible de la
mesure; et sur le temps fort, en mettant la 2.ᵐᵉ note à la place de la 1.ʳᵉ ✻

(2) Cadence parfaite évitée, suivie d'un Rythme de deux mesures. (Voyez
la méthode complette p. 151.)

✻ Il faudra un demi soupir sur la 1.ʳᵉ partie du 2.ᵉ temps, pour complèter la mesure.

N.° 4.
etc.
etc.
etc.
N.° 5.
Fin.
; D.C.
etc.
etc.
etc.
N.° 6.
etc.
etc.
etc.

Avant d'écrire un air connu, il sera nécessaire de le chanter en y adaptant les différentes mesures alternativement, afin de vérifier l'exactitude du Rythme et des repos mélodiques, que l'on ne tardera pas à reconnaître, à moins que l'usage traditionnel
n'y ait introduit quelque irrégularité.   FINE.

MÉTHODE ÉLÉMENTAIRE DE MUSIQUE

MISE À LA PORTÉE DES ENFANS,

adoptée pour les salles d'asile

et autorisée dans les écoles primaires,

Prix net 2! 50! et 3! reçuefranco par la poste.

Cette méthode traite spécialement du nom des notes et des intervalles c'est-à-dire des sons de leur notation et de leur intonation.

Toutes les personnes qui visitent les salles d'asile sont surprises d'entendre des enfans de 5 à 6 ans répondre en masse aux questions qui leur sont adressées au hasard sur les sons leurs noms et leur intonation dans les différens tons majeurs ou mineurs, et de voir les moniteurs diriger alternativement les exercices de la méthode.

TRAITÉ DES VALEURS DE LA MESURE

applicable aux voix et aux instrumens en général,

ou suite

À LA MÉTHODE DE MUSIQUE MISE À LA PORTÉE DES ENFANS,

Prix net 75! par la poste 1! »

Cette seconde partie traite spécialement de la valeur des notes et des silences dans les différentes mesures.

LA MUSIQUE EN 60 LEÇONS,

OU MÉTHODE COMPLETTE

d'après un nouveau mode d'enseignement,

et suivie d'élémens d'idéologie musicale,

DEUXIÈME ÉDITION.

Prix net 8! » par la poste 9! »

Des conseils adressés spécialement aux personnes abandonnées à elles mêmes et douées d'une aptitude convenable les mettront en état de tirer de cette méthode un parti fort avantageux.

Les résultats obtenus chaque jour sur des enfans de 6 à 7 ans, nommant les notes sur un chant quelconque dont ils entendent les sons, quelque soit le ton donné, et chantant dès les premières leçons dans les solfèges, 3 à 6 pages de musique par séance, *absolument seules et à première vue,* prouvent évidemment que les difficultés de la musique dépendent principalement des *sons, des valeurs de la mesure* et de l'insuffisance des méthodes ordinaires, puisque par ces méthodes les personnes les mieux organisées n'obtiennent les mêmes résultats qu'après plusieurs années d'étude; que pendant fort longtemps elles ne peuvent rien faire d'elles mêmes, *faute de notions premières suffisantes,* sans donner aux notes des sons quelquefois diamétralement opposés ou sans dénaturer complètement les valeurs de la mesure: d'où il résulte *qu'elles ne savent uniquement que des airs appris par cœur.*